ADRESSE

A LA

CONVENTION NATIONALE.

ADRESSE

A LA

CONVENTION NATIONALE·

DÉLIBÉRÉE dans la Société Populaire de Carpentras, dans la Séance du 14 Vendémiaire, l'An 3ᵉᵐᵉ. Républicaine.

Législateurs,

La vérité, dont les accens avoient été étouffés jusqu'en ce jour, se fait entendre de tous les points de la France. La République ne doit son salut qu'à l'énergie brûlante et au vertueux courage que vous avez déployé au milieu des orages formés pour sa ruine . . . . . Recevez de nouveau l'expression de notre gratitude. La présence des vertueux Représentans que vous avez envoyés dans nos Départemens , vient d'arrêter la marche de la scélératesse , en réduisant au silence une faction monstrueuse qui se jouoit impunément de la vie des hommes. Marseille alloit encore devenir le fléau de la République; l'horrible conspiration qui se tramoit dans son enceinte , étoit ourdie par ces suppôts de *Robespierre* , soutenus par tous les fripons du midi , qui , sans mœurs , sans facultés avant la révolution , avoient trouvé , dans la pratique du crime , le secret de vivre dans l'abondance et dans l'oisiveté la plus crapuleuse . . . . .

C'est à cette classe d'oppresseurs , c'est à leur intrigue qu'est due une dernière adresse , dite de la Société populaire de Carpentras, qu'on ne trouve point dans ses registres , mais à laquelle votre Comité de Correspondance a répondu : qu'*il félicitoit les bons citoyens de Carpentras d'avoir fait fuire les aristocrates et les modérés qui s'étoient emparés du bureau de la Société populaire* . . . . . Les aristocrates et les modérés s'emparer du bureau ! . . . quelle indigne fausseté . . . . . ils n'ont pas eu eux-mêmes la hardiesse de soutenir cette adresse; et nous la désavouons authentiquement. Méfiez-vous., REPRÉSENTANS, de ces circulaires, dictées par l'audace désespérée de voir fuir un systeme oppressif, et n'y voyez que les efforts impuissans de ces raisonneurs qui se flattoient de pouvoir traîner encore aux tribunaux de *Robespierre* des citoyens assez vertueux pour oser dévoiler leurs forfaits.

Non , REPRÉSENTANS , les aristocrates et les modérés n'ont jamais siégé au bureau de la Société épurée de Carpentras ; elle ne marche que d'après les principes de la Convention nationale. Aussi voue-t-elle à l'exécration publique les intrigans qui ont voulu l'entraîner dans leur chute........ Les vrais Patriotes vous diront aujourd'hui des vérités , auxquelles sans doute vous n'auriez pas été sourds, s'ils avoient pu se faire entendre plutôt . . . . . Nous ne pourrons nous rappeler les mémorables journées des 9 et 10 Thermidor , sans bénir la Convention nationale, mais aussi sans verser des larmes amères sur les malheureuses victimes immolées dans nos contrées avant cette glorieuse époque. Nous avons sous nos yeux les décombres encore fumans d'une commune qui , par la fertilité de son terroir et l'industrie de ses habitans , alimentoit nos marchés. . . . . Nous frémissons d'horreur en rencontrant , tous les jours , les femmes , les vieillards et les enfans

de BÉDOUIN devenus la proie des flammes...
Mais hélas ! un tableau de ce genre peut - il être
tracé par des cœurs républicains ? PÈRES DU PEUPLE,
transportez-vous un instant sur la scène de ces dé-
goûtantes horreurs ; voyez-y des cabanes ouvertes
à toutes les intempéries des saisons, servant d'asyle
à des familles plongées dans la plus affreuse mi-
sère ; voyez-y un malheureux vieillard, qui, privé
du seul appui de ses jours, et ne voyant, dans tout
ce qui l'entoure, que la tristesse et le deuil, se
trouve dans l'impuissance d'être secouru sur le
reste d'une vie trop lente à s'évanouir.

Et toi, patrie reconnoissante, verras-tu sans émo-
tion deux cent quatre-vingt-seize de tes défenseurs
qui versent leur sang pour détruire tes ennemis,
tandis qu'un tribunal inhumain répand froidement
celui des auteurs de leurs jours, et livre leurs mai-
sons et leurs propriétés aux flames et au pillage ?
Voyez-y enfin le spectacle déchirant des exécu-
tions les plus révoltantes...... Le sol qui est encore teint de sang, vous désignera la place où un
énorme échafaud servoit de perspective à de malheureux agriculteurs ; jugez vous-mêmes ensuite
des intentions d'un tribunal qui, pour punir deux
ou trois scélérats *arracheurs d'arbes de liberté* par
spéculation, a fait traîner au supplice soixante-

trois citoyens de tout sexe et de tout âge . . . . Leurs mânes y citeroient sur-tout à votre tribunal auguste , un monstre abominable puant le sang humain ; un être que la nature paroît avoir vomi pour le malheur de nos contrées; *Suchet*, commandant le quatrième bataillon de l'Ardèche, qui pour se ménager la jouissance d'une fusillade, demande et obtient la moitié des victimes, pour donner à ses soldats le barbare plaisir d'une chasse nouvelle.

Ah! LÉGISLATEURS, le sang de ces malheureux fume encore, c'est à la justice nationale à consoler celles de ces familles infortunées , qui n'ont pas à pleurer des coupables ; c'est à elle à donner de grands exemples, soit qu'il faille punir le crime , soit qu'il faille réparer l'injustice.

Achevez donc de purger le sol républicain de tous les frippons : frappez indistinctement tous les scélérats, de quelque masque qu'ils se couvrent et quelque parti qu'ils embrassent; que le gouvernement révolutionnaire ne soit plus que la terreur des méchans, seuls ennemis qui restent à la République; restez à votre poste; dirigez sur eux la foudre nationale, et vous aurez enfin sauvé la République.

Suit grand nombre de signatures.

Collationné conforme à l'original, inséré dans les registres de la Société populaire

LILLY , IMBERT , BOSQUIER . *Secrétaires.*

Lecture faite de la présente Adresse , les membres ont délibéré de la faire imprimer , au nombre de cinq cent exemplaires , pour être envoyée à la Convention nationale , aux Comités de Salut public et de Sûreté générale , aux autorités constituées des principales communes de la République ; et à toutes les Sociétés populaires avoisinantes.

D U R E T le jeune , *Président.*

LIELY ,

IMBERT , } *Secrétaires.*

BOSQUIER ,

DE L'IMPRIMERIE DE GUFFROY , RUE HONORÉ , N° 55. aux ci-devant capuceins.

ADRESSE

A LA

CONVENTION NATIONALE.

ADRESSE

A LA

CONVENTION NATIONALE·

DÉLIBÉRÉE dans la Société Populaïre de Carpentras, dans la Séance du 14 Vendémiaire, l'An 3ᵉᵐᵉ. Républicaine.

LÉGISLATEURS,

La vérité , dont les accens avoient été étouffés jusqu'en ce jour , se fait entendre de tous les points de la France. La République ne doit son salut qu'à l'énergie brûlante et au vertueux courage que vous avez déployé au milieu des orages formés pour sa

ruine . . . . Recevez de nouveau l'expression de
notre gratitude. La présence des vertueux Représentans que vous avez envoyés dans nos Départemens, vient d'arrêter la marche de la scélératesse,
en réduisant au silence une faction monstrueuse
qui se jouoit impunément de la vie des hommes.
Marseille alloit encore devenir le fléau de la République; l'horrible conspiration qui se tramoit dans
son enceinte, étoit ourdie par ces suppôts de *Robespierre*, soutenus par tous les fripons du midi,
qui, sans mœurs, sans facultés avant la révolution,
avoient trouvé, dans la pratique du crime, le secret de vivre dans l'abondance et dans l'oisiveté la
plus crapuleuse . . . . .

C'est à cette classe d'oppresseurs, c'est à leur
intrigue qu'est due une dernière adresse, dite de
la Société populaire de Carpentras, qu'on ne trouve
point dans ses registres, mais à laquelle votre Comité de Correspondance a répondu : qu'*il félicitoit
les bons citoyens de Carpentras d'avoir fait fuire les
aristocrates et les modérés qui s'étoient emparés du
bureau de la Société populaire* . . . . . . Les aristocrates et les modérés s'emparer du bureau !...
quelle indigne fausseté . . . . . ils n'ont pas eu
eux-mêmes la hardiesse de soutenir cette adresse;
et nous la désavouons authentiquement. Méfiez-

vous, Représentans, de ces circulaires, dictées par l'audace désespérée de voir fuir un système oppressif, et n'y voyez que les efforts impuissans de ces raisonneurs qui se flattoient de pouvoir traîner encore aux tribunaux de *Robespierre* des citoyens assez vertueux pour oser dévoiler leurs forfaits.

Non, Représentans, les aristocrates et les modérés n'ont jamais siégé au bureau de la Société épurée de Carpentras ; elle ne marche que d'après les principes de la Convention nationale. Aussi voue-t-elle à l'exécration publique les intrigans qui ont voulu l'entraîner dans leur chute........ Les vrais Patriotes vous diront aujourd'hui des vérités, auxquelles sans doute vous n'auriez pas été sourds, s'ils avoient pu se faire entendre plutôt . . . . . . Nous ne pourrons nous rappeler les mémorables journées des 9 et 10 Thermidor, sans bénir la Convention nationale, mais aussi sans verser des larmes amères sur les malheureuses victimes immolées dans nos contrées avant cette glorieuse époque. Nous avons sous nos yeux les décombres encore fumans d'une commune qui, par la fertilité de son terroir et l'industrie de ses habitans, alimentoit nos marchés . . . . . Nous frémissons d'horreur en rencontrant, tous les jours, les femmes, les vieillards et les enfans

de BÉDOUIN devenus la proie des flammes...
Mais hélas ! un tableau de ce genre peut-il être
tracé par des cœurs républicains ? PÈRES DU PEUPLE,
transportez-vous un instant sur la scène de ces dé-
goûtantes horreurs ; voyez-y des cabanes ouvertes
à toutes les intempéries des saisons, servant d'asyle
à des familles plongées dans la plus affreuse mi-
sère ; voyez-y un malheureux vieillard, qui, privé
du seul appui de ses jours, et ne voyant, dans tout
ce qui l'entoure, que la tristesse et le deuil, se
trouve dans l'impuissance d'être secouru sur le
reste d'une vie trop lente à s'évanouir.

Et toi, patrie reconnoissante, verras-tu sans émo-
tion deux cent quatre-vingt-seize de tes défenseurs
qui versent leur sang pour détruire tes ennemis,
tandis qu'un tribunal inhumain répand froidement
celui des auteurs de leurs jours, et livre leurs mai-
sons et leurs propriétés aux flames et au pillage ?
Voyez-y enfin le spectacle déchirant des exécu-
tions les plus révoltantes...... Le sol qui est encore teint de sang, vous désignera la place où un
énorme échafaud servoit de perpestive à de malheureux agriculteurs ; jugez vous-mêmes ensuite
des intentions d'un tribunal qui, pour punir deux
ou trois scélérats *arracheurs d'arbes de liberté* par
spéculation, a fait traîner au supplice soixante-

trois citoyens de tout sexe et de tout âge.... Leurs mânes y citeroient sur-tout à votre tribunal auguste , un monstre abominable puant le sang humain ; un être que la nature paroît avoir vomi pour le malheur de nos contrées; *Suchet* , commandant le quatrième bataillon de l'Ardèche, qui pour se ménager la jouissance d'une fusillade , demande et obtient la moitié des victimes , pour donner à ses soldats le barbare plaisir d'une chasse nouvelle.

Ah! LÉGISLATEURS, le sang de ces malheureux fume encore, c'est à la justice nationale à consoler celles de ces familles infortunées , qui n'ont pas à pleurer des coupables ; c'est à elle à donner de grands exemples, soit qu'il faille punir le crime , soit qu'il faille réparer l'injustice.

Achevez donc de purger le sol républicain de tous les frippons : frappez indistinctement tous les scélérats, de quelque masque qu'ils se couvrent et quelque parti qu'ils embrassent; que le gouvernement révolutionnaire ne soit plus que la terreur des méchans , seuls ennemis qui restent à la République; restez à votre poste; dirigez sur eux la foudre nationale , et vous aurez enfin sauvé la République.

Suit grand nombre de signatures.

Collationné conforme à l'original, inséré dans

les registres de la Société populaire

LILLY, IMBERT, BOSQUIER. *Secrétaires.*

Lecture faite de la présente Adresse , les membres ont délibéré de la faire imprimer , au nombre de cinq cent exemplaires , pour être envoyée à la Convention nationale , aux Comités de Salut public et de Sûreté générale , aux autorités constituées des principales communes de la République , et à toutes les Sociétés populaires avoisinantes.

D U R E T le jeune , *Président.*

LIELY,

IMBERT,   } *Secrétaires.*

BOSQUIER,

DE L'IMPRIMERIE DE GUFFROY, RUE HONORÉ, N° 35.
aux ci-devant capucins.

www.ingramcontent.com/pod-product-compliance
Lightning Source LLC
Chambersburg PA
CBHW061809040426
42447CB00011B/2556